# 감정의 자국들

## 감정의 자국들

**초판 1쇄 인쇄**　2025년 05월 19일
**초판 1쇄 발행**　2025년 06월 06일

　　**신고번호**　제313-2010-376호
　　**등록번호**　105-91-58839

　　　**지은이**　한하리

　　　**발행처**　보민출판사
　　　**발행인**　김국환
　　　　**기획**　김선희
　　　　**편집**　현경보
　　　**디자인**　다인디자인

　　　　**주소**　경기도 파주시 해올로 11, 우미린더퍼스트@ 상가 2동 109호
　　　　**전화**　070-8615-7449
　　　**사이트**　www.bominbook.com

　　　　**ISBN**　979-11-6957-340-5　　　03810

• 가격은 뒤표지에 있으며, 파본은 구입하신 서점에서 교환해드립니다.
• 이 책은 저작권법에 의하여 보호를 받는 저작물이므로 무단 전재와 복사를 금합니다.

낮이밤적 글모음 - 2

# 감정의 자국들

한하리 지음

악의 없이 만들어진 이 감정의 올가미를 보라.
사랑은 얼마나 손쉽게 조작되는 감정인가.

## 추천사 1

이 책 『감정의 자국들』은 사랑, 상실, 그리움, 위로라는 이름을 빌린 감정의 미로 속을 섬세하게 걸어가는 시집이다. 마치 마음의 기온을 측정하듯, 말로 다 표현되지 못한 감정의 결들을 하나하나 이름을 붙여 주고, 조심스럽게 어루만져 주는 이 책은 단지 읽는 것이 아니라 '느끼는 책'이다.

한하리 작가는 "다정해지기까지, 우리는 얼마나 많이 아파야 했을까?"라는 문장으로 이 책을 시작한다. 이 질문은 흔한 수사적 표현이 아니다. 책 전반에 흐르는 정조이며, 작가 자신이 감정의 굴곡을 통과하며 얻어낸 성찰이다. "당신도 그런 적 있나요? 마음 한 귀퉁이에 오래 눌러 담은 감정을, 제때 꺼내지 못해 더 깊어져 버린 순간들이요"라는 문장에서 보듯, 이 책은 잊힌 감정, 말하지 못한 마음에 대한 애틋한 복기이다.

책은 총 3부로 구성되어 있다. 그리고 시 중간중간에 짧막한 '감정사전' 글이 들어가 있다. 특히 '이상형의 기준', '질투',

'불이익', '어쩔 수 없었어' 같은 글들은 짧지만 묵직하다. "너무 당겨쓰다가는 막상 중요한 순간에 더 이상 태울 심지가 남아 있지 않을지도 모르니 주의할 것"이라며 '열정'을 경고하는 문장은 감정의 소비를 돌아보게 한다. 감정의 언어에 무게를 더하고, 독자가 자신의 마음을 되짚을 여백을 남긴다.

1~3부에서는 사랑의 시작부터 끝까지, 그로 인한 불안과 두려움, 상처와 회복을 따라간다. '몰입', '포기로 당신을 사랑하는 일', '울지 못하는 멍청이의 굴레', '관계의 종말', '우리는 늙고 사랑은 낡아도' 등 한 편 한 편이 감정의 파편이자 작은 서사다. 감정이 감정으로 설명되지 않고, 구체적인 상황과 이미지로 풀어진다는 점이 이 책의 가장 큰 매력이다.

"슬픔이란 건 왜 이렇게 미련할까? 물에 번진 잉크처럼 서서히 쌓이고 쌓여서 돌이킬 수 없을 때에야 댐 터지듯 터져…"라는 문장처럼, 이 책은 단어 하나에도 절절한 마음이 실려 있다. 이 감정들은 너무 뜨거워서 차마 입에 담지 못하고, 너무 미세해서 손에 쥐기 어려운 것들이기에 오히려 글로 남겨져야 했을 것이다.

『감정의 자국들』은 관계의 끝자락에서, 마음이 다쳐 울지도 못할 때 꺼내 읽을 수 있는 작은 담요 같은 책이다. 누군가에게는 지나간 연애의 복기일 수 있고, 누군가에게는 아직 끝나지 않은 감정의 지도일 수 있다. 그러나 누구에게든 이 책은

"괜찮아, 그 마음 나도 알아"라고 말해주는 다정한 친구가 되어준다.

　작가가 경험한 감정은 고유한 것이지만, 그 결을 따라가다 보면 결국 우리 자신의 자국을 발견하게 된다. 작가의 언어는 누군가에게는 오래된 기억의 상처를 조용히 쓰다듬는 손길이고, 또 누군가에게는 지금의 마음을 비춰보는 작은 거울이 된다. 감정의 이름을 배우고, 그 이름을 스스로에게 붙여 주는 것! 그것이 곧 다정의 시작이라는 사실을 이 책은 천천히, 그러나 다정하게 알려준다.

2025년 5월

편집위원 **김선희**

## 추천사 2

우리의 마음속엔 수많은 별들이 감정이란 이름으로 반짝이다 사라진다.

"감정의 자국들"은 그렇게 스러져간 우리의 별들을, 우리가 미처 붙잡지 못했던 그 찬란한 순간들을, 가장 부드러운 언어로 어루만진다.

깊어가는 밤처럼, 이 시집은 우리 마음을 따뜻하게 감싸안는다.

우리는 모두 자신만의 속도로 아프고, 자신만의 방식으로 치유된다.

이 시집은 그런 우리의 마음을 부드럽게 품어주며, 가장 아름다운 위로의 언어를 건넨다.

[토악질] 작가 **김꼬리**

## 작가의 말

"다정해지기까지,
우리는 얼마나 많이 아파야 했을까?"

당신도 그런 적 있나요?
마음 한 귀퉁이에 오래 눌러 담은 감정을,
제때 꺼내지 못해 더 깊어져 버린 순간들이요.

너무 아파 달리 표현할 수조차 없었던 일들,
너무 사랑해 끝내 전하지 못했던 말들.
우리는 누구나 마음속에 "그때 못 꺼낸 감정"
하나쯤은 가지고 살아갑니다.

감정을 너무 무너트리거나
드러내지 않기 위해 눌러내는 우리를 위하여
제 이야기의 여백에 당신의 마음을 채워 넣을

공간을 드리고 싶었습니다.

이 책 「감정의 자국들」은 지나온 감정의 시간들을
그저 흘려보내지 않기 위해 쓴 기록입니다.

이 시집의 한 구절이 당신의 어딘가에 남아,
그 시절의 당신의 마음을 만져주는
다정함이 되기를 바랍니다.

<네가 있던 자리>의 멋진 레토릭을 주신 김동연 저자님께,
이 이야기들의 탄생을 도와준 모든 사랑과,
멋지게 편집해주신 보민출판사, 김꼬리 작가님께 감사하며.

2025년 5월
지은이 **한하리**

# 목차

- 추천사 1 ··· 4
- 추천사 2 ··· 7
- 작가의 말 ··· 8

## 제1부 사랑 이전의 불안

- 심연 ··· 18
- 불안감 ··· 19
- 시선이 가다 ··· 20
- 몰입 ··· 21
- 완벽한 아름다움에 대하여 ··· 22
- 무제 ··· 23
- 닿고 싶어서 ··· 24
- 어른의 산타클로스 ··· 25
- 너의 비 ··· 26
- 사랑을 알다 ··· 27
- 스물 중간, 겁 ··· 29
- 로맨스릴러 ··· 30
- 힘 ··· 31
- 한 줌도 남지 않아도 ··· 32
- 불나방 ··· 33
- 원죄 ··· 34
- 관계의 역학 ··· 35
- 새벽 눕기 ··· 36
- 낮에 꾸는 꿈 ··· 37

- 안락사 ··· 38
- 일요일에 숨자 ··· 40
- 점, 찍어주세요 ··· 41
- 유리구두 ··· 42
- 미성숙한 욕심 ··· 43
- 감정의 덫 ··· 44
- 연민과 사랑의 관계 ··· 45
- 계급 ··· 46
- 두려워하다 ··· 47
- 사랑은 시소 ··· 48
- 당겨지다 ··· 49
- 포기로 당신을 사랑하는 일 ··· 50

## 제2부 겁 많은 사랑은 끝내

- 이질감 ··· 54
- 말없이 ··· 56
- 도무지 ··· 57
- 각자의 것 ··· 58
- 관계의 종말 ··· 59
- 비명 없는 장미 ··· 60
- 담아 보관하려 ··· 61
- 미아 ··· 62
- 관심의 부재 ··· 63
- 맹목의 자리 ··· 64
- 희노애애, 불균형 ··· 66
- 우리가 달라서 ··· 67
- 지나오다 ··· 68
- 웃었다 ··· 69

- 하이힐은 없다 ⋯ 70
- 이인감 ⋯ 71
- 숨과 슬픔 ⋯ 72
- 영원 "했던" ⋯ 73
- 천장 ⋯ 74
- 당신이 뭐여서 ⋯ 75
- 응어리 ⋯ 76
- 조각 ⋯ 78
- 비 냄새 ⋯ 79
- 미련, 벌레 같은 ⋯ 80
- 긴 밤 ⋯ 81
- 당신의 온도가 남은 자리 ⋯ 82
- 미련한 슬픔 ⋯ 83
- 울지 못하는 멍청이의 굴레 ⋯ 84
- 도망치는 일 ⋯ 86
- 새해 ⋯ 87
- 삼켜지지 않는 ⋯ 88
- 당신에게도 ⋯ 89
- 사라진 그대에게 ⋯ 91
- 너무 늦게 ⋯ 92
- 비어 있는 봄 ⋯ 93
- 독백 ⋯ 94
- 낮은 곳 ⋯ 95
- 편지 ⋯ 96
- 너의 여지 ⋯ 98
- 일주일 먼저 ⋯ 99
- 기억의 자리 ⋯100
- 무딘 하루 ⋯101
- 느리게 씹은 마음 ⋯ 102
- 스미다 ⋯ 103
- 죽지 않고 안녕히 ⋯ 104

## 제3부 다정의 학습

| | |
|---|---|
| - 전하지 않을 말 | ⋯ 108 |
| - 상현달 - 하현달 | ⋯ 110 |
| - ... | ⋯ 112 |
| - 우리는 늙고 사랑은 낡아도 | ⋯ 113 |
| - 버터플라이 라넌큘러스 | ⋯ 114 |
| - 사랑의 순서 | ⋯ 115 |
| - 아픔의 둔화 | ⋯ 116 |
| - 크레마 | ⋯ 117 |
| - 쓴맛 | ⋯ 118 |
| - 작별 | ⋯ 119 |
| - 구체적으로 | ⋯ 120 |
| - 고요한 절망 | ⋯ 122 |
| - 기대에 대하여 | ⋯ 123 |
| - 사소한 | ⋯ 124 |
| - 통로 : 추억 | ⋯ 125 |
| - 마음, 달걀 | ⋯ 126 |
| - 청춘을 보내다 | ⋯ 127 |
| - 도대체, 나부터 | ⋯ 128 |
| - 소중한 사진 | ⋯ 129 |
| - 환상통 | ⋯ 130 |
| - 진정한 안녕 | ⋯ 132 |
| - 야옹 | ⋯ 133 |
| - 모성 | ⋯ 135 |
| - 기다림의 모순 | ⋯ 136 |
| - 추억, 변곡 | ⋯ 137 |
| - 덜어냄 | ⋯ 138 |
| - 머리카락을 잘랐다 | ⋯ 139 |
| - 빈자리 | ⋯ 140 |

- 딸기맛 제티 ··· 141
- 남겨진 마음들이 글이 되었다 ··· 142
- 길 위에서 ··· 144
- 시간은 약이 아니다 ··· 146
- 다정도 결국 그리움이 되었다 ··· 147
- 다정의 학습 ··· 148
- 불가능한 사랑 : 기적 ··· 149
- 네가 있던 자리 ··· 150
- 마음이 미끄러지다 ··· 152
- 별것 아닌 어려운 말 ··· 153

"나는 슬픔을 미리 두려워했다."

손안에 꽉 쥐면 부서질까, 시선을 돌리면 영영 사라질까.

그 사이의 좁은 틈에서 밤새 뒤척이던 무수한 떨림들.

떠나보낼 용기도, 붙잡을 확신도 없이

그래도 결국 놓지 못한 채, 애써 감춰둔 마음의 온도.

# 사랑 이전의 불안

## 심연

잘 보이지 않아서 아름다운 것들이 있죠.

당신이 그 깊은 눈 속에 뭘 담고 있는지,
당신 속에 어떤 생각이 있는지와 같은.

그래서 나는 당신이 더 알고 싶어졌어.

## 불안감

사랑 사랑 사랑
원인을 알고 있는 그 초조함,
나 당신과 가까워질 수는 있었으나
가질 수 없고 알 수 없어서
매일 속 좁고 치졸한 사람이 된다.

내 마음을 당신에게 다 보여줄 수 있다면.

그게 아니라면
차라리
당신을 사랑하지 않을 수 있다면.

### 시선이 가다

곁을 맴돌던 때
나는 네 옆모습을 보고 있었다.

우리 마음이 마주했을 때
서로의 앞을 보여주었다.

네 뒷모습이 보이고 나서부터는
너의 작은 초라함에도 나는 마음 아파했다.

옆에서 앞으로, 마침내 뒤로
시선이 옮겨가는 것.

누군가를 사랑한다는 것.

## 몰입

소나기 퍼붓듯이
당신이 빗발쳐 내렸다.

그저 지나가는 여우비이기를 바랐는데

소나기에 젖지 않는 곳 없듯이
어디에도 당신 없는 곳이 없었다.

## 완벽한 아름다움에 대하여

젖은 듯 빛나는 그 눈빛에 대하여
향기로운 목덜미의 체온과
귓바퀴의 발그레한 색에 대하여
눈과 입술이 움직이는 그 방식의 조화로움에 대하여
그 목소리와 부드러운 말씨에 대하여
색과 두께와 향기와 촉감과
모든 생김새와 선과 느낌에 대하여

무엇도 더하거나 뺄 수 없는
너의 완벽한 아름다움, 그 결벽스러움에 대하여.

## 무제

잘 못해도 되니까 아무 말이라도 해봐.
나는 춤추는 당신의 입술이 좋아.
귀여운 당신, 이런 단어들로 내 마음을 찍어내기엔
언어는 너무 말괄량이지.
아, 좋아. 그럼 나는 춤추는 나비가 될게.
아니면 꽃이라도 좋아. 나를 네 무언가로 만들어만 줘.

### 닿고 싶어서

소리 내어 전해도 닿지 못할
어떤 커다랗고 묵직한 마음,

닿을 수 없다는 걸 알면서도
내 마음이 흘러넘쳐 이런 글을 쓰고 말았다.

### 어른의 산타클로스

쑥스러워서
아니, 이건 틀렸다.
부끄러워서.

산타, 피터팬, 사랑 뭐 이런 것들을 아직도 믿기에는
이미 닳아버린 자신이 너무나도 적나라하다.

그런데도 여전히 한편에 혹시나 하는 마음 갖는 게
부끄러워서 짐짓 차가운 척해보지만

실은, 하얀 크리스마스였으면 좋겠다.
따뜻하게 물드는.

## 너의 비

너는 꼭 비 같은 사람이어서
어떻게 해도 멈출 수가 없다.

머리를 가려도 가슴에 고이고
눈을 감으면 귀에 들리는 사람.

이미 나를 다 적시고도
좀처럼 그만 멎을 줄을 모르는 너의 비.

### 사랑을 알다

늘 당신을 보고 싶은 내가
당신을 보지 못하는 게 아쉬워서가 아니라,
혹시 당신도 내가 보고 싶을 순간에
당신 곁에 있어주지 못할까 봐.

당신이 없는 내가 걱정되는 게 아니라,
혼자인 당신의 밤에 내가 없는 게 걱정임을 안 순간

사랑을 알다.

[감정사전]

## 이상형의 기준

비슷한 이를 만나게 되는 건
과거에 대한 그리움과 집착에
지난 이의 대체품을 찾는 걸까?

아니면,
그래, 그 사람이 그렇게 특별했던 건 아니었다며
흔한 추억 중 하나의 자리로 밀어내기 위함일까?

## 스물 중간, 겁

거짓말이어도 좋으니 내 눈 색깔을 안다고 말해줘.
비 오는 날에는 조용히 잔을 하나 더 들고 앞에 앉아줘.
혹시 잠든 나를 보게 된다면 조용히 햇빛을 가려줘.
아파하는 날에는 고집을 부려도 병원에 데려가줘.

아니, 나를 내버려둬.
아니야. 나를 사랑해줘. 사랑에 빠지게 해줘.

내가 너보다 조금 덜 사랑하고
먼저 떠날 수 있게 해줘.

## 로맨스릴러

쉿, 들리면 큰일이야.
저 사람은 우리를 절벽길로 데려가려고 온 거야.
어떻게 알긴,
나는 비슷한 일을 여러 번이나 겪어봤었다고.
뭐? 이번에는 다를 거라고? 바보 같은 소리.
나도 늘 그 달콤한 말에 속아서
몇 번이나 벼랑 끝에 섰었는지 몰라.

응? 그냥 이쪽 문을 열어주고 싶다고?
안 돼. 이 문을 열면 아주 무시무시한 사람이
여기로 들어와 버릴걸?
지금 우리가 피해서 도망가려는 그 사람 말이야.
그, 사랑 말이야.

## 힘

당신의 말에는 그것이 있다.

당신의 존재에는 그것이 있다.

그리하여 나는 또다시 당신 위로 추락한다.

어떤 사슬도 나를 옭아매지 않았는데

중력에 휘말린 나는 또다시 제자리로 돌아간다.

### 한 줌도 남지 않아도

시들어 버릴 꽃이어도 좋다.
너의 순간에 피는 아름다움이 될 수 있다면.
익숙해져 무의미해질 향기여도 좋다.
너의 숨결 속에 스며들 수 있다면.
이루어지면 잊히는 소망일지라도 좋으니
너의 간절함이 온통 나이기를.

나를 그렇게 네게 주어서
너의 안에 다 스며드는 것이라면 나는 좋다.

내가, 한 줌도 남지 않아도.

## 불나방

타오르는 홍염이니 다가가지 말라더군.
영 유독한 어여쁨이니 멀리하라고.

차라리 용기 있는 불나방이고 싶으오.
더 탈 것도 남지 않은 몸뚱이에겐
그 찬란함에 잡아먹히는 것조차 과분한 바람이겠소만.

불타 죽는 것조차 해드릴 수 없는 주제에
이것 참 무책임하게도 오도 가도 못하겠단 말이지.
그저, 감히 여기에 머무시기를.

불타 죽는 것조차 해드릴 수 없는 주제에.

## 원죄

끈적하게 묻혀서 가려줄게요.
시선조차 닿지 않게 아주 꼼꼼히.

도덕? 그런 거 난 몰라.
누가 뭐라든 어때요? 어차피 다 남인데.

### 관계의 역학

당신이 나를 내리누르고
그 힘으로 내 정신에 당신을 박아 넣는 것.
그래요. 원하는 대로 하세요.
기꺼이 감내하며 당신의 재미가 될게요.
장난삼아 나를 흔들던 당신이, 어느 순간
나를 흔들지 않고는 견딜 수 없게 된다면,

그럼 그때부터 우리 다시 얘기해 볼 수 있겠지.
이 재밌는, 관계의 역학.

## 새벽 눕기

아직 해가 뜨지 않은 어스름한 새벽
당신의 어깨 언저리에 쌓인 어제를 베고 누워있자니
마치 물 위에 눕기라도 한 듯 편안하다.
은은하게 물 냄새마저 흐르는 듯하고,
그만큼 느긋한 당신 숨소리.
잔잔한 수면 속으로는 짙어서 좋은 안식이 있고
그 모든 것들이 편안하게 나를 둘러싼다.

여기에는 오직 당신과 나, 우리 둘만이 유영한다.
얼마나 아름다운 말인가. 오직 당신과 나.
이 사랑스러운 고독에 나는 마음이 포근해짐을 느끼며
다시 당신의 숨소리를 듣고,
나지 않는 물 냄새를 맡으며 읊조린다.

앞으로도 줄곧, 오직 당신과 나.

### 낮에 꾸는 꿈

조용한 숨소리.

나를 위해 준비된 잔잔한 피아노곡.

밝은 창을 가려주는 짙은 블라인드.

가끔 움지락대는 손가락.

웬일인지 얌전한 머리카락.

물소리인지 빗소리인지 혹은 음악소리인지 흐르고

이불 천의 바스락대는 느낌과

마른 듯 매끈한 살결의 보송한 촉감.

아아, 이 완벽한 꿈을 두고 내가 잘 필요가 있을까.

## 안락사

죽어서라도 시간을 멈출 수 있기를 꿈꾸어 본다.
지금의 풍경과 향기, 내 눈앞의 빛 없는 별.
네 작은 소란스러움마저 사랑스럽고 어여쁘다.

나는 아무것도 될 수 없어도 좋다.
내 시간도 더 흐르지 않아도 좋으니
보드라운 별아, 이곳에 계속 있어주어라.
애처로운 행복아, 이곳에 계속 있어주어라.

[감정사전]

## 천성

당신이 원래는 더 형편없는 사람이었다고 해서
그것이 타인이 당신의 부족함을 이해해야만 하는
정당한 이유가 되는 것은 아니다.

### 일요일에 숨자

더운 날 우리 춥게 있자.
습한 날 보송하게 있자.

주어진 살갗 속 미묘한 뜨거움과
만들어진 찬바람을 동시에 느끼며
밖에는 뜨거운 비 내려도 우린 일요일 속에 숨자.

나는 추위를 많이 타니까
체온이 높은 네가 뒤에서 포근히 안아줘.
밖은 축축해도 우린 촉촉하게 하자.

이번 장마엔 다양한 이야기로 키득대며
한 이불 덮고 각지게 썬 수박을 나눠 먹자.

### 점, 찍어주세요

당신의 생각을 들려주세요.
눈빛 말고, 몸짓 말고, 소리로써 말로써
나에게 전해주세요.

어떤 뉘앙스가 느껴졌다고 한들
내가 섣불리 아는 체할 수 없잖아요.
끌지 말고, 돌리지 말고 점, 찍어주세요.

### 유리구두

나는 그를 재단하려 든다.
그가 나를 위해 발가락을 전부 자르기를,
그럼에도 우리가 맞을 수 없으면 어쩌나 하는 불안과 함께.
나는 깨어져 조각 나고
그는 상처로 엉망이 될 뿐일지도 모른다.

그래도
그때가 온다면
나는 마땅히 그를 위해 깨어질 것이다.

내가 그의 유리구두일 수 있다면.

### 미성숙한 욕심

당신이 내게 끝까지 대수롭지 않은 사람으로 남기를.
아니, 실은 당신의 모든 것을 가지고 싶었을지도.

그리하여 결국 당신의 어디에도 나 없는 곳이 없기를
당신이 조금의 외로움도 견뎌내려 하지 않아서,
잠시만 내가 없어도 괴로워하기를 바란 것도 같다.

아니면, 당신이 나를 그렇게 만들어 주기를.

## 감정의 덫

사랑이 어떻게 형성되는지를 보라.
사람이 얼마나 손쉽게 통제되는지.

애매한 여지와 사소한 약속으로 만들어진
그리움과 기다림의 감정들.
'다녀올게요', '다시 만나요', '보고 싶어요'

악의 없이 만들어진 이 감정의 올가미를 보라.
사랑은 얼마나 손쉽게 조작되는 감정인가.

### 연민과 사랑의 관계

마른 세수를 하는 것과 비슷하다.
어쩌면 이 감정은, 그 약간의 답답함과 먹먹함.

너의 작은 아픔에도 울컥 치미는
어떤 슬픔이나 안쓰러움, 닳아가는 나의 모서리.

나의 날 선 모서리를 다 갉아내고
그 둥근 마음으로 진심을 담아 애잔하게 여기는 것.

네가 이토록 애달프다면 이것이 진정한 사랑인가?
혹은, 사랑을 수렁으로 바꾸는 불행일까?

## 계급

감정의 온도 차가
사람 간에 계급을 만든다.

내가 원하는 것이
훨씬 더 뜨겁기 때문에

너는 그 미지근한 여유로
늘 나보다 큰 권력을 가진다.

### 두려워하다

아름다워지는 모든 것들을 나는 두려워했다.
무의미하다가도 숨을 쉬는 모든 것들
언젠가는 나를 떠나갈 그것들을 나는 두려워했다.

나는 이를 염려하며 또 생각한다.
이미 숨이 멎어 나를 떠나간 것들에 대하여.

### 사랑은 시소

사랑은 시소와 같아서,
더 무거운 사람이 가라앉는다고 했던가?
그리고 끝내는 더 높이 있는 사람이
추락하는 법이라고 했나?

그래. 이 감정은 시소 같아서
저 끝에 당신이, 이 끝에는 내가 서 있어.

알면서도 모르는 척, 모르면서도 아는 척.
안심과 의심의 미묘한 경계에서 밸런스를 잡아

아슬아슬한 상태에 대해 불안해하며
차라리 당신이 더 무거워서 나를 추락시켜 주었으면,
하고 자학적인 기대를 품겠지.

## 당겨지다

어느 날부터 당신은 가끔 나에게 들리기 시작했다.
재치 있는 말투, 흥미를 끄는 주제,
기분 좋은 의외성을 담은 애정 표현
같은 것들은 나를 즐겁게 했다.


나는 이 유별난 것 없는 대화와
연락과 만남이 지속되는 것에 익숙해졌고,
당신은 진부한 듯 다가와 어느새 나에게 필요함이 되었다.


돌아갈 길은 미처 준비하지 못했다.


나의 공간을 떠나 당신의 공간에 다다른 나는
언제고 쫓겨날 수 있는 불안한 상태가 되었다.
무기력하고 외롭다.
함께라서 느끼는 이 외로움은 슬픔과 닮아 있다.


당신은 이기려 한 적조차 없으나 나 홀로 기꺼이 완패했다.
당신이 이겼다.

### 포기로 당신을 사랑하는 일

열이 나는 것 같았어요.
당신을 사랑한다는 걸 알고 난 후
명치가 너무 뜨거웠거든요.

처음엔 당신이 그렇게 지독스런 열병은 아니었어요.
나는 사랑을 잘 몰랐거든. 항상 간격을 남겼었으니까요.

점차 나는, 나의 작고 큰 것들을 양보하기 시작했어요.
전혀 아깝지 않았죠. 그마저도 나의 선택이었으니.

내가 마지막으로 포기한 건, 내 전부였어요.
나는 당신을 포기하기로 했으니까.

[감정사전]

**하소연**

누군가에게 멋대로 자신의 불행을 전시해 놓고
불가능한 이해나 공감을 강요하는 일.

"당신에게 자신이 없어서,
기어이 꼭 쥐고 있던 자존심."

한 걸음 다가서려 할 때마다 두 걸음 멀어졌던 우리.

후회 없이 사랑했노라 말하기엔,
그만큼 용기 내지 못한 어린 감정들.

닿지 못한 애씀과 받아들여지지 않은 욕심만 남아,
전해지지 못한 채

가장 소란스럽고, 가장 조용한 흔들림이 되었다.

겁 많은 사랑은 끝내

## 이질감

손톱 위로 끈적하게 먼지가 들러붙었다.

리무버가 떨어진 걸 알면서도
일단 매니큐어를 바르고 난 탓이겠지.
혹시나 하는 마음에 손을 씻어보아도
역시 불쾌한 끈적함은 사라지지 않았다.
손끝에 남을 끈적함을 어렴풋이 알고는 있었지만
어쩐지 부러지고 방치된 손톱을 가만둘 수가 없었다.

언제부터 내가 이렇게 나 자신을 방치했더라,

이전의 나는, 너를 만나기 전이면
손끝 하나까지 치장하는 일조차 기껍고 반가웠다.
네 취향인 영화가 개봉하기라도 하면
괜스레 손톱을 예쁘게 단장하고,
무슨 옷을 입을지 미리 상상하기도 했다.

그러면 너는 약속이라도 한 듯,
이번에 개봉한 영화, 보러 갈래?

하고 물어봐 주곤 했었다.

까닭 없는 불안과 우울에 시달려 잠 못 이루는 밤이면
너는 내게 바쁜 밤과
어깨 안쪽을 기꺼이 내어주는 사람이었다.
나는 그 낯설고 다정한 품에 안길 때면,
금세 잠들 수 있었다.

나는 그 기분을 잊고 있었다.
너와 늘 함께한다는 것이
너를 기다리는 설렘을 포기하는 일임을
미리 알았더라면, 선택하지 않았을지도 모르겠다.

지금의 나는 손톱을 어떻게 치장하고
어떤 옷을 입어야 네가 좋아할지 고민하지 않는다.

낯선 끈적함이 손톱 위를 둥둥 떠다니고 있다.
이제 와서 아무리 애써도 처음 같을 수는 없다는 듯이.

## 말없이

애쓸수록 더 멀어지는 관계들이 있다.

당신과 내 사이가 그렇다. 우리 사랑이 그렇다.

그 사실을 전하기 위해 굳이 뭔가를 쓸 필요조차 없는.

끝을 말하지 않는 것이,

서로를 향한 마지막 다정이라는 듯

오늘도, 누구도 그 사실을 말하지 않겠지만.

## 도무지

되풀이되는 모든 것들은 층과 결이 생긴다.
사각사각 가위질이 반복되며 통제가 쌓인다.
어떤 천은 눈을 가리고, 어떤 천은 다리를 묶는다.

늦은 밤, 전화기는 신경질적으로 발광하고,
곧 달콤하고 익숙한 멜로디가 공간을 가득 메우면
충혈된 눈과 무거운 심정을 부둥켜안고
나는 스스로 수감된다.
다정한 목소리는 빠르게 나를 파악한다.
끊기지 않는 목소리, 떨어지지 않는 시선,
반드시 나야 하는 향기를 확인하는 것,
제 입 안의 혀처럼 만들기 위한 반복적인 제안들.

이 부드러운 폭력들은 서서히 나를 옥죄여 온다.
또 한 겹, 가위질이 쌓인다.

### 각자의 것

너는 나를 가질 수 없다.
내가 얼마나 큰마음을 주고 어떤 사랑을 주든지 간에,

나도 너를 가질 수 없다.
오늘의 네가 나를 사랑하고 있음에 감사할 뿐,

당장 내일의 네가 다른 찬란함을 경배한대도,
나는 아무것도 하지 못할 것이다.

## 관계의 종말

사실은 알고 있었다.
하지만 당신은 나를 이해해 줄 수 있을 거라고 생각했다.
아니 적어도 계속 그 자리에 있을 것 같았다.

내가 나의 삶을 당신에게 나눠 쓰는 것 대신에 친구를 만나고
모임을 가지고 취미를 즐기는 동안
당신이 조금 토라지더라도 큰 문제는 아닐 것 같았다.

당신은 토라지지 않았다. 그런 게 아니었다.
내가 당신과 있는 시간에서 나만 생각할 때
당신은 혼자, 나를 생각하는 외로움에 지쳐가며
내가 없는 당신의 시간을 준비하고 있었다.

당신의 배려를 이해로 착각했던 나는
아무 생각 없이 당신을 그저 외로움에 방치했었다.
내게 일상이 된 당신이
누군가에게는 설렘이라는 것은 생각지도 못한 채.

### 비명 없는 장미

나는 낡아간다.
네 사랑에의 자유를 잃은 채 네게 풍경이 되어간다.

어떤 놀라움도 감탄도 새삼 자아내지 못하는,
그저 너의 일상이 되어가며 나는 시들어 간다.

저 밖, 낯선 봄에는 낯설고 아름다운 꽃들이 만발해 있다.
그리고 나는 네 방 한켠, 죽어가는 겨울의
비명 없는 장미.

## 담아 보관하려

몸속 불덩이가 너무 뜨거워 버거울 때면
당신의 마음을 갈라서, 그 안의 식어가는 것을 꺼내어
죽어서라도 당신이고 싶다는 내 것과 바꾸고 싶다.

다시 붙일 수만 있다면 내 마음을 다 열어
보자기 펼치듯 넓게 펴 받쳐서라도
당신의 식어가는 마음을 주워 모으고 싶은 처절함에
속이 끓다가

내가 당신의 주인공이었던 수은 같은 순간을
아등바등 끌어안으려 한다.

흐르는 주옥같은 순간들의 편린을 보며
이것이 야속하게도 자꾸 무너지는 이유가
온전히 나만의 책임인 양 자책한다.

할 수만 있다면, 당신 안의 식어가는 것을 꺼내어
여전히 당신이고 싶다는 내 것과 바꾸고 싶다.

## 미아

단지
길게 흘러내리는 네 한숨 한 번.
고의적으로 엇갈리는 시선 한 번.
그것으로 즉시 나는
묵은 먼지가 날리는 공간이 되었다.

단지 그것으로 내 마음은 길을 잃었다.

## 관심의 부재

연락이 오는 일이 어쩐지 줄었습니다.
나는 무슨 일이라도 있는 거냐 물어봤지만
당신께서는 아무 일 없이 평소와 같다고 하여
나는 무엇을 더 물을 수도 없었습니다.

그때부터 제 시간이 느리게 흐르기 시작했습니다.

당신은 계속 아무 일도 없다고만 하였기에
나 역시 연락을 드릴 구실을 잃고 말았습니다.

당신은 나와 달리, 내게 무슨 일이라도 있는 건지
전혀 생각하지 않는 눈치였습니다.

애달픈 마음에 염치 불구하고 다시 연락을 보냈으나,
이어갈 만한 답은 오지 않았습니다.

### 맹목의 자리

비참함은
끝이 아니라 시작이었다.

내가 지키려던 것은 늘, 오직 당신이었으나
당신이 지키려는 것들에는 내가 없음을.
끝내 그것을 깨닫게 한 당신으로 인해
맹목의 자리에 남은 것은 비참함.

아아, 그래.
실은 갑작스러울 것도 없는 일이다.

우리 걸어가는 매일이
나 홀로 불안의 범벅이었으니.

[감정사전]

**추억**

내가 나의 삶을 시기한다.
과거의 나를 훔쳐보며 욕망하고 질투한다.

### 희노애애, 불균형

하루하루, 일 분 일 초
흐르는 것이 애석해야 할 나의 시간이, 나의 순간이
당신을 만나고는 왜
견뎌내야 하는 것이 되었나요.

당신의 하루에서 나는 짧고 작은데
다 알면서도 왜 나의 하루는 전부 당신일까요.

당신이 없이도 나는 잘 살아왔어요.
아니, 당신을 모르던 때 나는 더 잘 지낸 것 같아요.

더 이상 나를 무너트리는 걸 방치하고 싶지 않아요.
우리의 사랑은 결코 같아질 수 없을 테니.

그런데 왜 나는 더 닿을 수 없는 걸 알면서도
멀어지는 것 또한 하지 못하는 걸까요.

### 우리가 달라서

우리가 달라서, 나도 그렇게 말했다.

우리가 달라서 당신은 나를 모르겠다고 했다.
당신이 내게 말해 주었다. 내 개인적인 사고방식과
냉정한 태도도, 그 때문에 힘겨웠다는 것도
우리가 달라서 내가 모른 거라고 했다.

우리가 달라서 당신은 모른다.
내가 얼마나 당신의 모든 것들을
긴장 속에서 살피고 있었는지를.
당신의 미묘한 표정 변화나 숨을 내뱉는 강도와 길이
당신의 눈에 내가 얼마나 비치는지조차도 의미를 둘 정도로,
나는 늘 당신을 생각했는데
실은 당신을 사랑한다는 말을 해주고 싶었는데.

우리가 달라서 당신은 모른다.
반복에 지쳐 이제는 정말로 내가
당신에 대해 알고 싶지 않게 됐다는 것도.

## 지나오다

다시,
소리 없는 시간으로 돌아왔다.

보이긴 하나 보잘것없는 내 시간으로 돌아왔다.
조용한 우울.

사랑이 떠난 뒤의 그 언제나처럼.

### 웃었다

다시 또 사람을 믿었다.

그렇게 당해놓고 또 믿을 뻔했다.

또 한 번 사랑에 배신당하려 했다는 게 서러워서

그냥 웃었다.

### 하이힐은 없다

나는 어두운 방에 누워있다.
벽에는 피 흘리는 별이 걸려 있다.
별은 눈을 부릅뜨고 온 머리로 피를 흘린다.

나의 이 겨울 어둠은 유난히 무겁다.
나는 쓰라려진 추억이 그득그득 묻어 있는 이불을
온몸에 두른 채 아주 방어적인 태도로
이 어둠을 음미 당한다.
베개는 짝을 잃었다. 따뜻해질 기미는 보이지 않는다.

별에게는 붉은 하이힐이 있었다.
별의 피만큼이나 붉은 하이힐이
나의 벽에 나란히 걸려 있을 때,
별의 피는 그다지 붉어 보이지 않았다.

둥글게 태어나서 뾰족함을 감당하려 한 죄로
별은 홀로 남았다.
파랑도 초록도 핏빛을 가려주지는 못했다.
별의 이 겨울 어둠은 유난히도 무거워 보인다.

## 이인감

세상의 중심에 내가 있는 줄로 믿고
어떤 이야기도 자신 있게 할 수 있는 때가 있었다.

하지만 열정과 배짱만으로 지켜내기에
나는 점차 스스로에게 각박한 사람이 되었다.

종종은 내 몸조차 타인의 것처럼 아득하게 느껴진다.
여기에 존재하지만, 존재하지 않는 듯한 비현실감.

나는 세상의 끄트머리에서조차
홀로 오롯이 존재하기 힘든 사람이었다.

### 숨과 슬픔

후회는 어둠 같고

오늘도 나는 어두운 밤을 견뎌내야 한다.

슬픔은 산소 같고

오늘도 나는 살고자 숨을 쉬어야만 한다.

### 영원 "했던"

눈을 떴을 때

당연한 것처럼 와 있는 연락에 회신할 수 있는 것.

보고 싶은 어느 저녁

자연스레 나 당신을 보고 싶노라 말할 수 있는 것.

당신이 날 아프게 할 때

나를 어루만져 달라고 칭얼댈 수 있던 것.

잊고 사는 바람에 잃게 된 모든 기적들.

## 천장

가만히 누운 나의 천장은 내 얼굴 바로 위에 있다.
앞을 볼 수 없을 만큼 가까운 시멘트 덩어리 덕에
나는 숨 쉬는 일조차 가볍지 못해 가슴이 막혔다.

아무런 용기도 내지 않으면서 시들어 가기만 한다.
가능성이라는 미지에 저항하지 못하고
과거 또한 붙들지 못하는, 나는 그저 죽은 채 살고 있다.

정신없이 많은 꿈들은 우울이 되어 나를 옭아맸다.
내가 상상하는 무엇이든 되고 싶지만
그저 꿈만 꾸는 이유로 무엇도 되지 못하고 있다.

어제의 내가 쥐고 있던 가능성에 집착하며 질투한다.
내일도 쳇바퀴 돌듯 이런 탄식만을 뱉겠지.
나는 그저 죽은 채 살고 있다.

### 당신이 뭐여서

당신이 뭐여서.
하고 많은 사람 중에
그토록 겪은 지긋지긋한 사람 중에
하필 당신이 뭐여서.

비슷한 사랑의 비슷한 결말일 뿐이라고
그렇게 생각하며 버려냈는데

하필 당신이 뭐여서
아직까지도.

## 응어리

울컥, 당신이 응어리져 치민다.

그때의 당신이 여기저기 뭉쳐 있다.

그러면 나는 벗어나고 싶어 안달하다가도

아직 당신을 기억하는 것에 안심한다.

[감정사전]

## 열정

너무 당겨쓰다가는 막상 중요한 순간에
더 이상 태울 심지가 남아 있지 않을지도 모르니
주의하여 적절히 쓸 것.

즉, 낭비를 조심할 것. 아무 데나 쏟지 말 것.

## 조각

방 안에 조각난 내가 떨어져 있다.
이 작고 어두운 방의 여기저기에 조각난 나와
지나간 시간의 찌꺼기들이 늘어져 있다.
팔다리를 주워보려 애쓰는 머리통은
차마 가슴을 주울 용기는 없다.

무엇을 버려야 내가 남을까?

잊어야 하지만 잊히지 않는 것들과
기억하고 싶지만 잘 떠오르지 않는 것들이 있다.
제각각의 조각들과 정리되지 않은 찌꺼기가
방치되어 있는 밤,
또 이런 잡다한 생각들로 금이 간다.

### 비 냄새

비가 온다.
젖은 슬리퍼의 안쪽에
마침내 스러져 가는 내가 있다.
새로 산 우산에 당신의 손때가
안개처럼 자욱하다.
물 밖의 헐떡이는 구피는
내던져졌는가? 스스로 튀어나왔는가?
젖은 바닥은 과연 자유로운가?
자비 없이 돌발하는 아련한 향기에
물 머금은 비통한 오르가즘이 잉크처럼 번진다.

### 미련, 벌레 같은


무엇을 더 갉아먹으려고 또 내 머릿속에 기어들어 왔나?
좀 먹은 낡은 책처럼, 엉기성기 다 뜯긴 채소처럼
내 뇌는 또 갉아먹힌다. 먹히고 찢기고 뜯기고 흐려진다.

이윽고 나는 아무것도 할 수 없는
어떤 환자 같은 이가 되어
간신히 내뱉은 숨의 어딘가 즈음을 바라볼 뿐이다.

무엇을 더 아둔하게 만들려고
또 내 가슴에 문득 떠오르는가?
덕분에 나는 뛰지도 쉬지도 못한 채
그저 움찔대기만 하는 맥으로
아무도 내몰지 않은 깨어진 유리조각 위 어딘가에서
걷지도 서지도 못한 채 서성인다.

## 긴 밤

그랬다면, 했더라면, 하지 않았더라면
나는 또 무의미한 애통함을 곱씹지만
후회야말로 끝났다는 증거겠지.

모든 "만약에"들을 다 그러모아도
나는 당신이 절실하고
오늘도 역시, 낮보다 밤이 길다.

### 당신의 온도가 남은 자리

당신이 없는 밤을 뒤적이다가
당신이 절반쯤 들어찬 내 방에서 나왔다.

슬쩍 열어둔 창밖에서는 시원한 바람이 불어서
쇼파에 몸을 늘어트리고 앉은 나는
그 바람을 당신께 나누어 드리고 싶었다.

오늘 먹은 저녁 식사가 내겐 너무 달고 매워서
그런 것을 잘 먹는 당신도 한 입 드셔보았으면 했다.

주위를 둘러보니
내 방에 들어찼던 당신이 나를 따라 거실로 나와서
결국에는 내 주변에 또 흐르고 있었으므로
나는 온 밤을 뒤척이며 당신을 뒤적일 수밖에 없었다.

### 미련한 슬픔

슬픔이란 건 왜 이렇게 미련할까?
한 번에 몰아치고, 왔듯이 사라져 주면 좋을 텐데.

물에 번진 잉크처럼
서서히
쌓이고 쌓여서
돌이킬 수 없을 때에야
댐 터지듯 터져,
결국 전부 집어삼키고도
좀처럼 마를 줄 모른다.

### 울지 못하는 멍청이의 굴레

나는 체념을 어떻게 하는 건지 모르겠다.
통제불능이던 순간을 되새김질하는 것은
나로서도 썩 유쾌한 일이 아니다.

다만 나는 슬픈 만큼 우는 것이나
소리를 지르며 숨을 덜어낸다거나,
실컷 원망하는 것 등의
방법과 효과를 잘 모르는 것이다.
하지 않다 보니 할 수 없게 되었다.

거절이나 통제불능의 순간, 느껴지는 감정을
결국 승화시키지도 체념하지도 못하고
고통은 어떻게 해도 사라지지 않는다.

머릿속에 꽂혀 계속 나뒹구는
울화와 집착과 후회의 역주행들.

그 상황은 이윽고
내 감정이 내 뜻대로 되지 않는 것에 대한

강렬한 분노, 자괴감, 후회,
어설픈 합리화와 같은 모든 잡념과 같은
자기혐오까지 더해져

우울만 떠나보내면 됐던 나는 여전히 울 줄 모르는 채
무엇에 이리 화가 나서 분한지도 모르는 채
매 밤, 숨 막히는 멍청이의 굴레를 쳇바퀴 돌 뿐이다.

### 도망치는 일

잠드는 것은 어느새,
깨어 있는 것으로부터의 도피가 되었다.

평생을 함께하자던 우리는
약지의 마음은 모른 채 손가락을 걸었나 보다.

그 약속은 다 뭐였을까? 이 약지의 쓸모는 뭘까?
당신이 없는 하루는
숨을 쉬는 것과 뱉는 것만이 전부일 뿐이다.

당신은 내게 언제쯤
그저 지나간 삶의 흔적이 될까?

## 새해

아무래도 나는 아직 준비가 안 되었다.
아직이라는 표현을 써도 되는 걸까?

예외 없이 새해는 밝았고
여지없이 시간은 흘렀는데
나는 아직도 지난날의 어딘가에서 헤맨다.

새로운 시작이 기대되긴커녕
불편하다 못해 거북한 기분까지 든다.
새로운 만남이 설레기는커녕
사소한 낯섦에도 미미한 불쾌감이 든다.

시간은 앞으로도 나를 두고 계속 갈 텐데
나는 이대로 도태된 채로 있어야만 하는 걸까?

### 삼켜지지 않는

나와 달리 당신은 오늘을 멋지게 살아내겠지.

해야 하는 일들을 해내고,
해야 할 일들을 정리하면서
내가 있건 없건 곧잘 걸어왔던
당신의 길을 그대로 걸어가겠지.

나는 아무것도 할 수가 없어
당신과 어떤 연관도 없는 일들조차 해낼 수가 없다.

삼켜도 삼켜도 신물처럼 넘어오는 당신 때문에.

## 당신에게도

모래로 만든 달팽이를 씹는 것 같다.
입안이 미끈거리면서도 바짝 말라 영 퍼석한 것이,

어떤 때는 어깨 아래 어딘가가 으깨어지는 것 같다.
샤워를 하다가 문득 주인 잃은 칫솔이 보인 때라거나,

명치에 뜨겁게 고인 뭔가를 다 뽑아내어 내던지고 싶다.
하루가 지나치게 길어졌다는 것을 느낄 때마다,

이 모든 일들은 거짓말이라고 부정하기도 한다.
아주 중요한 뭔가를 잃어버린 것 같기도 하고,

그런 와중에도 나는 살아낸다. 여태까지처럼.
결코 되돌릴 수 없는 순간을 그리워하면서

그래도 이윽고 괜찮아지리라. 누구나 겪는 일이다.
가쁜 숨 쉬며 아파하는 시간이 있겠지. 당신에게도

이 글을 읽는 법
1. 그냥 읽기.
2. 각 문단의 첫째 줄끼리 혹은 둘째 줄끼리만 묶어 읽기.
3. 한 문단의 둘째 줄 먼저 읽고 그 다음 첫째 줄을 읽고 다음 문단으로 넘어가기

[감정사전]

## 그리움

새로울 것 없는 일이다.

터져나오는 기침을 참아 내듯이

그저 침 한번 크게 넘기며 삼켜내면 될 일이다.

### 사라진 그대에게

당신은 멀리 떠났다. 나는 이제 와 깨달았다.

어느 보고 싶은 때에도 당신을 데려올 방법이 없고
다시는 내가 당신을 혼자 두고 갈 수조차 없게 되었다.

이제 당신은 나를 생각조차 하지 않겠지만
내게서는 당신이 어디에도 가지 않는 바람에,

다시는 오지 못할 그때보다
다시는 오지 않을 그대가 더 서글퍼

당신의 안부를 물을 수 없게 되어서
비로소 당신과의 이별을 깨달았다.

## 너무 늦게

.
.
.
.
.

안녕, 전하지는 못하겠지만 또 편지할게요.

### 비어 있는 봄

벚꽃이 피부병처럼 번졌다.
시간이 흐르는 척하더니 계절은 약속을 지켰고,
햇빛은 어제처럼 쏟아졌다.

너는 없었다.

꽃잎은 마구 피어지다 못해 떨어트려졌고
부는 바람은 그 향기마저 멀어지게 하는데
나는 그 자리에 고였다.

어떻게 너 없이도 새 계절이 올 수 있는 걸까

모든 것은 여전히 시든 채여야 했으나
꽃은 피었고
그 겨울에는

나만 있었다.

## 독백

머리가 아프다.

어제 마신 술 때문일까? 유행이라는 감기 때문일까?
어찌 됐든 상관없지. 때로 인생은 결과만이 남는다.

결과조차 없는 사랑들은 내게 무엇도 남기지 않았다.
다시 뜨거울 수 있을까, 관조가 나를 비웃는다.

아니, 그래도 어쩌면 나는 감사해야 할지도 모른다.
오직 하나만 바라보던 내가
세상을 보는 더 넓은 시야를 갖도록 만든 누군가에게.

## 낮은 곳

나는 알고 있다.
너는 나의 가장 낮은 곳.
나는 너의 가장 낮은 곳.

그럼에도, 아직도
체념할 수 없는 곳.

## 편지

그대가 이것을 편지라고 표현했으므로,
나 또한 이것을 편지로 생각하고 전하겠습니다.

우선, 실수로 그대 전화들을 못 받은 건 아닙니다.
그러나 고의로 받지 않았음을 후회하지는 않아요.

나는 그대를 측은하게 여긴다거나
안쓰러워하는 등의 오만을 떨지는 않을 겁니다.
그렇다고 내가 아주 냉정하여 지난
우리의 사랑마저 부정하는 것은 아닙니다.

다만 나는 그릇이 작은 거겠지요.

우습게도, 11시 방향 어디 즈음엔
당신의 다정함을 그리워하는 내가 있으나,
잠이 깨는 6시쯤에는
지난 순간을 관통하여 상기하는 내가 있습니다.

당신에게 내가 어떤 의미였는지 추측하는 것은
그만두기로 했습니다.

의심의 여지 없이 사랑하였으나
쉽사리 잊기 힘든 악몽임도 분명합니다.

### 너의 여지

이유도 모른 채
내던지듯 감정을 흘리고는

말없이 편안해지는 너를 보며
나는,
사랑이란 말의 형태를 의심했다.

그래, 그 덜 되어 먹은 것도
사랑이라면 사랑이겠지만.

가볍게 쌓았을 그 감정의 무게에
네가 후회하진 않을까,

그런 생각조차 이젠, 내 몫이 아니길 바란다.

## 일주일 먼저

내가 일주일 먼저 앓았다.
내가 일주일 먼저 아팠다.
내가 일주일이라도 먼저 잊겠지.
당신이 내게 지쳤든 질렸든 쌓이고 터졌든
그런 식의 무책임한 태도는 좋을 게 없었다.
나는 당신보다 먼저 나아서
그래서

당신이 나보다 괜찮은지 아닌지조차
관심 없어질 정도로
당신 없이도 아주 바쁜 내 삶으로 되돌아가서
당신이 전부 내 탓으로 끝내고 회피한 우리 사이가
얼마나 나를 비통하게 했는지.
설명해 주고픈 마음조차 들지 않게 되는 것으로써
나는 그것을 증명하겠다.

내가 다만 일주일이라도 먼저 낫겠다.

### 기억의 자리

네가 쓰는 섬유유연제 궁금해하지 말걸.
네가 좋아하던 음식, 너의 취미, 즐겨 듣던 가수의 목소리.
네가 키우던 작은 동물도 너무 예뻐하지 말 걸 그랬어.

이제는 지나가는 고양이만 봐도 네 웃음이 보이고
내 빈 옆자리에는 네가 남긴 향기만 여전히 남아 있다.

원래 내 향기는, 여기에 없으니 너에게 남았을까?

그래, 이렇게 기억의 자리에 '우리'를 남겨두고,
'서로'를 조금씩 잊어가는 거겠지.

## 무딘 하루

하루를 사는 일은 생각보다 어렵지 않았다.
내가 어떻든 간에 어차피 하루는 지나갔으니.

나는 밥을 먹고 잠을 잤으며 종종 친구들을 만나거나
어떤 때는 조금씩 웃기도 했다.

네가 남기고 간 우려와는 달리
나의 하루는, 마냥 울거나 침울해하며 멈춰 있지 않았다.

네가 사라졌어도 나는 살아진다. 서로가 없어도.
절대 못할 줄 알았던 '너 없이 지내는 것'은
이렇게 주절대는 것마냥, 결국 되어지는 일이었다.

네가 없어도 살아지는, 무딘 하루들이 낯설다.

### 느리게 씹은 마음

누군가에게는 이별이 쉽지
그만큼 사랑도 쉬웠을 테니

마음을 꼭꼭 씹어 삼키기라도 하듯
사랑을 위해 걸리는 시간이
나에겐 왜 이리도 많이 필요할까?

난 갈수록 사랑이 두려워
그만큼 이별도 어려울 테니.

## 스미다

삶이 한바탕 소란을 겪고 난 십이월의 창문에는
한기뿐 아니라 어떤 아쉬움이 곁들어 있다.

지난날의 나는 과연 단 한 걸음이라도 내디뎠던가.

부드럽지 못하게 삐걱대는 창문처럼,
나의 삶은 현실과 맞지 아니한 채
무언가를 반복적으로 낭비하는 것은 아닌가.
삶을, 시간을, 마음을.

단지 바람이 차다는 핑계만으로
삶에 또다시 한기가 스민다.

### 죽지 않고 안녕히

나는 괜찮을 것이다.

다만, 이번에도 사랑을 믿었다는 것이 유일한 슬픔이다.
다시금 내 시간이, 과거에 멈춰 느리게 흐르는 이유로.

마음이, 각오한 것보다 더 불처럼 뜨거워져서
너무 많이 쥐버린 탓이다. 원망할 것도 없다.
다만 마음이 빈 흉터가 커서 허전할 뿐이다.

그러나,
그러니.
바라건대 조금만 더 내 안에서
죽지 않고 안녕히.

마주 인사할 이는 없지만.

[감정사전]

질투

애정에서 시작되나
애증으로 끝나는 것.

"다정해지기까지, 우리는 얼마나 아파야 했을까?"

남겨진 약속은 결국 기억이 되었다.
폭풍 같던 밤을 지나온 우리는
이제 아픔의 문법에도 제법 익숙해진 채,
성장의 첫 글자를 조심스레 발음해 본다.

그래도, 나는 그때
나의 삶과 사랑을 그토록 뜨겁게 앓았었다고,
그날의 빛은 여전히 내 안에 남아 있으니.

다정의 학습

### 전하지 않을 말

내가 옳은 선택을 했다고 믿었는데
너를 떠나는 게 정말 정답이었을까?

이상해. 하루 종일 울지는 않지만
하루 중 어느 때면 불현듯 널 생각하고 있고
야속하게도, 잘 자는 건 전보다 더 어려운 일이 됐어.

우리가 서로에게 더 가벼워지기 전에
그리하여 이윽고 서로를 까맣게 잊기 전에

작은 아쉬움이나 후회로라도 서로를 추억할 수 있게
이제라도 떠나는 게 맞다고 생각했는데

내가 생각한 것 이상으로 밤공기가 차다.
하루가 너무 길고 세상은 너무 조용해.

그래, 네 말이 맞았나 봐.
나는 내 생각 이상으로 너를 사랑했나 봐.

네가 잘 지냈으면 좋겠어.
내가 잘 지냈으면 좋겠어.

## 상현달 - 하현달

너는 쭉 미워했다는데 나는 너 사랑했어.

싫은 기억보다 좋은 기억이 많더라고 난.
그래서 끝난 뒤에도 한참을
나는 너 사랑하고 있어.

앞으로는 중심 잡힌 사람이 되어야겠다고 생각했어.
혹시라도 다시 만나면 그땐
내가 힘들거나 널 힘들게 하지 않게
다 무의미한 바람이지만.

평생의 사랑, 있을 거라고 꿈꾸게 되었었는데
끝이 났다는 게, 나도 참 속상해.

아직도 환상 속에 살았어서,
너까지 기대하고 슬프게 해서 미안해.
나 미워해도 되는데
너무 빨리 다 잊지는 말아줬으면 해.

많이 사랑했어.

첫 연애도 아닌데

사랑이라는 글자만 봐도 네 생각이 날 정도로.

...

어쩌면 너의 말은

밀도가 너무 높아서

하고 싶은 말이 모이고, 모이고

너는 그 마음을 누르고, 눌러서

... 점이 되었나.

## 우리는 늙고 사랑은 낡아도

우리는 늙고, 사랑은 낡고
영원한 촛불은 역시 없었지만

미지근한 이 온도와
눈가에 녹은 시간들 속에
지나온 우리의 사랑이 있었음을
그 타는 듯한 열병을 앓았었음을,

우리는 늙고 사랑은 낡아도.

### 버터플라이 라넌큘러스

처음이었다.
꽃에게 나를 선물하는 기분이 든 적은.

당신이 내게 선물했던 건
그저 꽃이 아니라,

작은 꽃 하나에도
온 마음이 흘러넘칠 수 있다는
어느 다정한 가르침이었다.

무심히 지나치는 손끝에도 무너질 듯
위태롭게 빛나는 여린 잎들.

나는 삼 주 내내
아름다움을 지키고 피워내며
마음을 나누는 법을 배웠다.

꽃이 졌다고 한들,
나누어 받은 마음은 잊지 않았다.

## 사랑의 순서

사랑에는 언제나 특정한 순간이 있다.

누군가를 알게 되는 순간,
누군가를 더 알고 싶어지는 순간,
또, 누군가를 안아주고 싶은 순간이라거나
누군가와 함께하고 싶은 순간 같은 것들.

그리고 그런 순간들은 모여서 결국
그 누군가와 다른 길을 걷게 되는 순간으로,
그리고 그 순간을 깨닫고 받아들이는 시간으로
끝을 맞이한다.

### 아픔의 둔화

첫사랑의 홍역을 앓고 나서,
몇 년 새에 스치듯이 가벼운 감기들도 앓았었지만

슬픈 이별을 떠올리면 여전히
그 홍역을 앓던 때의 자신이 생각나곤 했었다.

그래서 당신에게 고맙다.
이제는 당신과의 우울을 먼저 떠올리게 되었으므로.
그 폭풍 같던 홍역이 어렴풋해졌으므로.

그래도 당신이 준 아픔은 홍역까지는 아니었으니까.
다만, 잠 못 드는 밤의 우울함일 뿐.

## 크레마

오늘 네가 죽었다.
너의 장례식에 갔다.
그대로 집에 들어갈 수 없어
카페에서 커피를 주문했다.

어느 날 사랑이 너무 힘들었을 네게
사랑 그거,
지나면 아무것도 아니라는 말은 차마 못했다.

언젠가 마주 걸었을 새끼손가락이 저리는 것 같았다.

크레마가 잔뜩 낀 커피는 검게 보이지 않았다.
희게, 뽀얗게. 휘저어 보면 검을 뿐인데.
사랑 또한 그런 것이라고,

지금의 커피는 유난히 쓰다.

## 쓴맛

연애와 사랑은 다르다고 생각한다.
적당한 거리감을 둔 연애가 달달한 마키아또라면
이미 물든 사랑은 쓰디쓴 에스프레소와 같다.

비교적 가볍게 끊어낼 수 있는 연애의 호감과는 달리
상대의 단점까지 연민하게 된 후의 사랑은
기대와 실망을 반복하며, 물러설 수도 놓을 수도 없이
어떠한 통제도 안 되는 상태.

가장 애석한 부분은 그 대상을 고를 수 없다는 점이다.
그것은 예견할 수 없고 피할 수 없는, 질병처럼 온다.
내게 최선인 사람을 선택해서 사랑할 수 없는 것이다.

그 까닭인지 사랑은 어떻게든 쓴 끝맛을 남긴다.
사랑의 쓴맛을 숨기려고
연애가 그토록 달달한 게 아닌가, 싶을 정도로.

## 작별

돌아오라 애원하기에도, 돌아간다 생떼 부리기도
너무 늦어버리고야 말았다.

찬란하지만 벅차던 태양 빛이나
손톱달 뜬 밤의 송곳 어둠 같았던
그 마음도 마침내 적당한 온도가 되어가는가.

그 갈증 때문에 내 삶은
한동안 매일을 갈망에 살해당했다.
아니, 죽을 수나 있었던가?

그러나 이제는 열정 없는 내 삶도
그럭저럭 관조 가능한 추잡함 즈음은 되는 것 같다.

권태와 기만으로 엉키고 고집과 자존심이 잘라낸
내 꿈, 이제야 진정한

작별.

### 구체적으로

자다가 깨서 화장실을 다녀왔는데, 알고 보니 그것이
지나치게 현실적인 꿈이었다는 것을 알게 되었을 때처럼
지나치게 현실적으로
갑자기

당신에게 정말 잘 어울리는 여자는 어떤 사람일지
지나치게 구체적으로 떠올랐다.

어쩌면 키는 조금 작은, 그리고 미소가 무척 예쁜,
크지만 조금 치켜 올라가 사나운 듯한 내 눈과 달리
다소 작고 옅은 부드러운 눈매.
나처럼 뾰족한 얼굴 말고, 둥글고 여린 얼굴선.
작고, 둥글고, 따뜻할 것 같은 사람.

지나치게 구체적으로
당신에게 너무 완벽할
존재조차 모르는 그녀의 모습이 떠올랐다.
그리고, 아, 역시.
내 자리는 아니었나 보다, 는 생각.

[감정사전]

## 불이익

아름다움이란, 자신만을 갉아먹는 독과 같아서
그 사람의 미소와 목소리는 거만으로 여겨질 것이고
상냥함과 눈물은 거짓이라 여겨질 것이다.

그 사랑은 교활한 계산으로 생각되거나
잠시 흘러가는 변덕으로 취급될 것이며
관심을 가장한 수많은 비난은 평생 그를 옭매일 것이다.

그의 행복은 모두가 시기하는 구설이 될 것이며
그의 불행은 모두가 기다리던 소문이 될 것이다.

그러므로
그이는 누군가를 믿는 대신, 이 수많은 설움을
웃는 낯으로 기꺼이 홀로 이겨내야 할 것이다.

매일 아침 새로운 가면을 만들고
수없이 스스로의 마음을 내쳐야 할 것이다.

## 고요한 절망

좀 더 어두운 곳에서 쇄미할 시간을 원했다.
원 없이 무소용할 시간이 필요했다, 내게는.

그러나 새들해진 나의 처지는 아랑곳하지 않은 채
초대한 적도 없는 여명이
미세하고 무수한 독침처럼 사방으로 비산했다.

나는 각종 소음과 멈추지 않는 것들과
불친절한 현실의 흐름에
그대로 끌려가야만 했다.

그것이 야속한 일인지 고마운 일인지는
여전히 알 수 없이.

### 기대에 대하여

손톱마냥 얇던 달이
어찌할 틈도 없이 잔뜩 차오르겠지.
설렘으로, 긴장으로 부풀고는.

완전한 보름달이구나, 안심할 즈음
작은 꼬투리 하나로, 아니, 때론 이유조차도 없이
달은 이지러진다.

얇게 미어지는 마음에
터지려는 눈물과 새벽이슬 삼켜내자면
다시, 달은 차오른다.

차오른 달은 또 이지러질 것이 자명한데도
어리석은 별은 다시, 기쁘겠지.

## 사소한

폭풍처럼 휘몰아친 감정들이나
섬광같이 번쩍였던 찬란함보다
작은 기억들이 사랑을 추억하게 한다.

이를테면

어느 낮의 커피나
조금은 시렵던 봄비,
그런 순간들을 함께한 기억들.

나의 사소한 행복에
약속처럼 당신이 있던 지난날들.

### 통로 : 추억

감은 두 눈의 위인지 아래인지 모를 어딘가에
희뿌연 빛무리가 어른거린다.

눈을 감아도 보이는 빛의
처연한
파덕거림.

나는 이 빛을 통로라고 이름 짓기로 한다.

유난히 네가 담긴 저 어떤 빛은 참 울상이어서
어른거림만으로도 슬프고
나는 바라볼 수 없는 그것을 바라보려고 버둥대면서

그래도 어떤 빛 조각에는
희멀건 웃음 한 술 서려 있지 않았나
공연히 입만 다시며 그것을 찾아 눈알을 굴려본다.

## 마음, 달걀

어느 밤 마음이 나를 빤히 보았다.
그것은 달걀과 닮아 있었다.

그 껍데기는 제법 단단한 듯, 쉽게 깨어지지 않기에
조금 함부로 두어도 되는 줄 알았다.

단단한가 싶더니만 어느 날 의외로 쉽게 금이 갔는데,
그 안에 얇은 벽 하나가 더 보였다.
더 깨어지면 마냥 물렁하고 축축한 것만이 들어 있으리라.

금이 가고 조각나고 일부가 깨어진 달걀 같은 모양새로,
마음은 나를 빤히 쳐다보았다.

그것이 아무 말 않고 나를 빤히 보는데
제발, 살펴달라 애원하는 소리가 들리는 양 했다.

## 청춘을 보내다

당신과 함께 내 청춘을 떠나보내야 한다.

너를 보내며 나의 청춘을 보낸다.
어리고 찬란하고 우습고 기뻤으며 불타던 날들.

이제 나는 날 수 있는 나비가 되어야 한다.
나의 청춘, 그 자체인 당신을 이쯤에 잃게 된 것도
어쩌면 아주 당연하고 지극히 다행인 일이겠다.
만약 그대로 계속 현실을 외면한 채 함께했다면
빛이 바래 죽은 허물이 됐을 뿐이겠지.

안녕. 나의,

### 도대체, 나부터

'구걸하는 사랑은 사랑이 아니야.'
그렇게, 사랑에 용기 내지 못하는 나 자신의 초라함을
다시금 합리화한다.

혀끝에 살짝 닿은 단맛에 빠져, 확 저지를까 싶다가도
이 사랑 또한 지나갈 것임을 생각하고야 마는 것이다.

그래, 내가 가장 온전하게 사랑해야 할 존재는 나다.

몰아치는 사랑에 휘청이고 싶지 않을 때,
나는 주문처럼 중얼거린다.

### 소중한 사진

당신이 내게 준 마음
당신이 내게 준 기쁨
그들이 내게 준 사랑이
여기에 절반쯤 남아 있다.

누군가에게 충분하게 사랑받았던 순간
무언가로 인해 빈틈없이 고맙던 순간

혹은 내가 너무 사랑한 나머지
명치 어딘가가 너무 사무쳤던 그 아픔까지도

시간이 지나 내 하루에서는 멀어졌다 한들
손 닿는 곳에 계속 남아
내가 살아왔음을 알려주는 남김없이 고마운 것들.

## 환상통

이별의 아픔은 환상통이라 불러 마땅했다.
이미 사라지고 없는 당신에 대해 느끼는 통증.

당신이 가지고 가서 사라진 나의 어딘가는
어쩌면 당신 이전에 사라졌을지도 모르는 일이다.
나는 항상 의수와 같은 대체품을 찾아
그 공허를 채움으로써 통증을 덮기에 바빴고
어쩌면 너도 그런 것 중 하나였을지 모른다.

이번의 나는, 새로운 것을 찾지 않았으므로
꽤 오랜 시간이 걸렸으나,
비로소 나의 인생을
온전한 나의 것으로 되찾을 수 있었다.

혼자를 견뎌내다가, 혼자를 누리기까지.

아,

나는

오롯이

널 보냈다.

내가 되었다.

### 진정한 안녕

어찌 되었든 잘 가고 있어요, 나는.

뒤돌아보거나 걸음을 늦추지 않으려 애쓰면서요.
어디에서 어디로 가는지는 잘 모르겠지만요.

그래도 어찌 되었든 나는 내 발로 가고 있어요.
떠밀리거나 끌려가지 않고 말이에요.

그러니 지금 잠시 멈춰 당신 생각을 한다고 해서
내가 주저앉을 거라는 의미는 아닙니다.

아, 그래요. 이건 어쩌면 진정한 안녕, 이 되겠네요.

## 야옹

아이야.
분홍빛 부드럽던 네 발바닥
흙먼지 검게 묻고 까슬한 굳은살 터져가도록
이 추운 겨울에 얼마나 힘이 들었니
굶주린 배 움켜 안지도 못하는 아스라한 몸으로
그럼에도 사랑을 믿는 눈빛을 한 너는
그간 혼자서 얼마나 많이 울었니

아이야.
하얀 눈밭을 그 작은 맨발로 총총히 걷고도
한 번도 발 시리다 보채지 않는 커다란 아이야.
너에게 내가 무엇을 주면 좋겠니
아무것도 바라지 않는 착한 아이야.
부디 다음 생에는 따뜻하고 부드러운,
너를 닮은 삶을 살기를 나는 기도하겠다.

[감정사전]

**굴레**

우리는 왜 이별이 힘들어질 걸 알면서도
사랑을 멈출 수 없는 걸까요

## 모성

그냥 슬픔이 울컥 치밀 때가 있다.

나를 보는 어린 강아지의 눈빛이 너무 깨끗해서
문득 거울 속에 지난날의 엄마가 보여서
내가 없이 찬란했을 그 처녀의 손은
지금처럼 앙상하지 않았을 거라서.

여태까지 내가 당연하다는 듯이
게걸스럽게도 먹어 치운 그 감사함들이 갑자기 보여서.

보인다고 한들 결코 보은할 수 없고
뉘우친다 한들 하나 되돌릴 수 없는
차마 고맙다고도 못하고 그저 미안할 뿐인
그 모든 것들이 갑자기 눈앞에 보여서
그냥 슬픔이 울컥 치밀 때가 있다.

### 기다림의 모순

오롯이 혼자서도 즐겁다면
기다림으로부터 자유로울 수 있을까요?

제련된 고독보다 상실의 공허가 아프다는 걸 알면서
우리는 왜 사람 속에 사는 것을 그만두지 못할까요

## 추억, 변곡

당신이 젖은 입천장을 더듬어 가며
애써 기억해 낸 그날의 그 온도는
어쩌면 당신의 환상에 지나지 않을지 모른다.

그러나 그 환상 덕에 당신이
다시 새로운 시작을 꿈꿀 수 있는 것은 아닐까?

## 덜어냄

행복하게 산다거나 웃으며 산다는
동화의 마지막 줄 같은 무책임한 소망은
바랄 생각조차 하지 않는다.
죽기 전까지 마지막 줄은 쓰일 수 없을 테고
죽음이 행복이라고 생각하면 삶이 더 어려워질 테니.

다만, 바라건대 내가 살아내야 하는 동안
불행을 조금씩 덜어내며 살 수 있기를,
나의 삶이 누군가의 불행이 되지 않기를,
나의 죽음이 남은 사람들에게
책임을 떠넘기는 일이 되지 않기를.

그리하여
마침내
'실례 없이 죽었다.'
라고 마지막 줄을 적고 싶다.

### 머리카락을 잘랐다

길고 길던 머리카락을 잘랐다.
그로부터 며칠 뒤인 어제부터
겨울의 증거를 끙끙 앓고 있다.

몸이 아프니 마음도 약해진다.
지금 생각나는 이도, 잘라낸 머리카락처럼
쉽게 잘라내졌으면.

머리카락이 다시 자라 길어지는 동안
내 마음도 다시 단단해지기를.

## 빈자리

따뜻함이 없던 자리를 허무하다고 할 수 있을까?

허무함과 따뜻함은 언뜻, 전혀 무관해 보이지만
실은 자리의 허전함을 느끼는 것 자체가
그곳이 따뜻하게 채워지길 바라기 때문이 아닐까?

## 딸기맛 제티

꼭 너를 생각하고 있던 것은 아니었는데
문득 콧잔등에 딸기우유 향이 스쳤다.
아니, 딸기우유보다는 딸기맛 제티의 향.

목덜미를 간질일 것만 같던 단발의 머리카락과
찌르는 듯 굴러가던 웃음소리라든가,
겨울, 여름 할 것 없이
항상 조금 상기되어 있던 두 볼의 홍조,
내 것보다 조금 작던 교복 치마의 귀여운 구겨짐,
어여뻐서 한참 쳐다볼 수밖에 없었던
남색의 작은 스니커즈, 그런 것들이 아니라
단 한 번 내게 건네주었던 그 딸기맛 제티.
그것이 갑자기 생각났다. 하얀색의 딸기 향.

꼭 너를 생각하려 했던 것은 아니었는데.

## 남겨진 마음들이 글이 되었다

끝내 전하지 못한 말들
마음속에만 오래 머물다
조금씩 바래지고,
흐려지다가 멀어졌다 생각했는데

어느 날 문득,
글자들이 비스듬하게
사각의 한 모서리로 흘러내렸다.

적히는 마음은
때로는 사랑이었고, 서운함이다가,
사소한 다정이기도 했다.

그렇게 남겨진 마음들이
천천히 글이 되었다.

[감정사전]

**식욕**

갖고픈 마음의 절정은 먹고픈 마음.

## 길 위에서

우리는 가을 낙엽이 질 때,
그저 모든 것을 바람에 맡기고
내 손 위에 떨어지는 것이
아름다운 낙엽이기를 바라기만 해야 하는가?

그 바닥에 웅크려 앉아
이미 떨어진 낙엽을 헤아, 고르고 고르지 않았다면
그 모든 것을 소중히 여기지 않았을 나를,
나는 더 이상 원하지 않는다.

바닥을 헤집던 손끝의 껄끄러움도,
찬바람에 괴롭던 볼의 촉감도,
그렇게 선택했던 가장 마음에 들던
그 낙엽조차 기억에서 멀어지고 지워진다 해도
나는 그 모든 것을 행복이라 감각하겠다.

아무런 의미조차 없는
그저 떨어진 나뭇잎에 불과했대도,
어쩌면 불필요한 행동이었다고 해도,

나는 그 모든 것을 경험했다.
다시 깊이 숨을 들이마시며
그래. 이 모든 것으로, 내가 되었구나.

### 시간은 약이 아니다

만약, 시간만이 흐르고 사람이 멈춰 있다면.

우리를 낫게 해주는 것은 시간이 아닌 성숙이다.

한때 나의 모든 것 같았던 일이,
그때 내가 본 세상이,
전부가 아닌 일부가 되어 작아진다는 것은
내가 그만큼 커졌다는 것.

고통을 잊게 하는 것은 회피가 아니라 변화이다.

## 다정도 결국 그리움이 되었다

처음부터 다정했던 건 아니었다.
말이 모자라 마음이 닿지 않았고
마음보다 큰 서운함이 서로에게 남았다.

기대하고, 상처받고, 사랑하기 위해
마음을 쥐어짜 서로를 이해하려 하는 일의 반복.
그렇게 부딪혀 둥글어지며 다정해졌고,
너무 둥글어 결국 굴러가 버린 마음들.

너 없이 남은 것들만 오래도록 나를 따라왔다.

다정도 결국, 그리움의 다른 이름이 되었다

## 다정의 학습

우리는 사람, 사랑, 또는 상황에 걸려 넘어졌을 때
원망하거나 자책하거나 포기하기도 하죠.
밀어냈던 상대가 내 손을 잡아주길 바라는
모순적인 때도 있을 거예요.

나 역시 넘어졌지만, 그 덕에 일어서는 법을,
일으켜 주는 법을 배웠어요.
나는 여전히 어리석지만,
넘어져 본 적 없는 사람이 되고 싶지는 않아요.

그러니 당신이 어떤 이유로든 넘어졌다면
내 손이라도 잡고 다시 일어나길 바라요.
나로 인해 넘어졌거나, 나를 넘어트렸었다고 해도

우리가 모르는 사이라고 해도
나는 당신이 행복하기를 바라요.

### 불가능한 사랑 : 기적

당신이 나에게
파란 장미를 선물해 준 날을 기억하나요
그 장미와 함께 보낸 그 꽃말을 기억하나요

그게 얼마나 섬세한 것인지,
그 꽃말이 내게 준
그 어떤 감명 깊음에 대해 당신은 알고 있나요

희붉은 작약보다도 더 내 마음에 남은 그 파란 장미를
나는 아직도 가지고 있어요.

당신이 쓴 사진과 함께.

## 네가 있던 자리

네가 없다는 걸 안다.
사라진 발소리를 피해 걷고
텅 빈 그릇에 물을 조금씩 붓는다.
네가 돌아왔을 때
목마르지 않도록.

햇빛이 네가 눕던 자리를 덮는다.
그 위는 아직 너의 자리 같아서, 나는 앉지 않는다.

사랑이란 걸 이렇게 깊게 배운 적이 없었다.
돌아오지 않는 것이 있다는 걸
이렇게 절실히 배운 적도.

나는 너를 키운 것이 아니라
너와 같은 시간을 나누어 살고 있던 거구나.

다음 생이 있다면 꼭 다시 내게 와주기를.
그럼 너를 위해 내 품을 더 데워둘 텐데.

바람이라도 억세게 불 때면
이미 없는 네가 날아갈까, 나는 또 청승이다.

그래도, 덜 슬플 이유라 하면
적어도
너는 이제 아프지 않다.

## 마음이 미끄러지다

오랜만이에요, 당신이 그렇게 말했다.

수많은 사람들을 만나는 와중에도
당신이 비어 있는 나의 세상에는 뭔가가 없었다.
그것은 마치 소리가 나지 않는 티비를 보는 것처럼
허전하고도 고요한, 기묘스러운 기분이었다.

그런데 당신이 그렇게 말했다.
나의 부재를 느꼈다는 것, 나를 그리워했다는 것.
마음이 길게 미끄러지는 것을 느꼈다.

## 별것 아닌 어려운 말

사랑했어요.
행복했어요.
고마웠어요.

이제, 마저 가세요…

[감정사전]

"어쩔 수 없었어"

상처 입은 사람이 스스로를 위해 쓰는 위로의 말을

상처를 주기 위한 면죄부로 쓰지 말 것.